中华中医昆仑

郭维淮学术评传

张镜源◎主编

中国盲文出版社

图书在版编目（CIP）数据

郭维淮学术评传（大字版）/ 张镜源主编．—北京：中国盲文出版社，2015.12
（中华中医昆仑）
ISBN 978-7-5002-6843-7

Ⅰ．①郭… Ⅱ．①张… Ⅲ．①郭维淮—评传 Ⅳ．①K826.2

中国版本图书馆 CIP 数据核字（2015）第 316936 号

郭维淮学术评传

主　　编：张镜源
责任编辑：王丽丽
出版发行：中国盲文出版社
社　　址：北京市西城区太平街甲 6 号
邮政编码：100050
印　　刷：北京华联印刷有限公司
经　　销：新华书店
开　　本：700×1000　1/16
字　　数：42 千字
印　　张：6.5
版　　次：2015 年 12 月第 1 版　2015 年 12 月第 1 次印刷
书　　号：ISBN 978-7-5002-6843-7/K·448
定　　价：12.00 元
销售服务热线：（010）83190297　83190289　83190292

丛书编委会

前 言

中医药是中华民族的伟大创造，是世界医学宝库中的夺目瑰宝，数千年来为中华民族的繁衍昌盛作出了巨大的不可磨灭的贡献，至今仍是中国医药卫生事业不可分割的重要组成部分，在维护民族体魄康健、促进经济社会发展中发挥着不可替代的作用。

中医药学，是中华传统文化和科技文明的结晶，是勤劳聪慧的中华儿女在几千年生产生活实践中，在与疾病作斗争的过程中，创造的独具特色的医学科学体系。它有着浓郁的民族特色、深厚的文化底蕴和丰富的哲学内涵。经过一代又一代中医药传人、一辈又一辈名医大家的实践探索、薪火传承、总结完善、创新发展，逐步形成了系统的理论体系、独特的诊疗方法、丰富的医学内容、实用的制药技术。具有疗效确切、用药安全、应诊灵活、普适简廉和预防保健作用显著的巨大优势，在世界医学之林独树一帜，为人类的文明进步与医疗保健事业，已经并正在作出积极的贡献。

为了弘扬中华民族传统文化，彰显中医药学家的丰功伟绩，当代中医药发展研究中心与中国文学艺术界联合会、国家中医药管理局新闻办公室、中华中医药学会、中国中医科学院、北京中医药大学、世界中医药学会联合会等精诚合作，在国家中医药管理局的支持和指导下，为中华近现代百年来贡献卓著、深受敬仰的150位中医药学家，编撰出版了这部大型传记丛书。丛书采用评传体裁，记载他们的生平事迹、医术专长、学术思想、传承教育、医风医德、养生之道和突出贡献，使这些宝贵的医学成就和精神财富发扬光大，千古流芳。

丛书取名《中华中医昆仑》。昆仑山，被尊为“万山之祖”，柱西北而瞰东南，立中国而凭世界，凌驾乾坤，巍然屹立。以其高峻豪迈、绵延起伏的磅礴气势，寓意中华中医药学历史悠久、博大精深和永不衰竭；以其挺拔雄伟、高耸入云的恢弘气魄，彪炳一代中医药学家的丰功伟绩、杰出贡献和不朽勋业。

丛书入选传主，从全国范围推荐遴选，遍及中医药界各个领域。有临床家、理论家、药学家、教育家、医史文献学家；有名师亲授、世医家教、学派传人、院校毕业和自学成才者；有师徒并驾、父子齐名和伉俪联袂者。他们学术造诣深厚、诊疗技术精湛、临床经验丰富、学科地位崇高、科研成果丰硕、医风医德高尚、国内外影响较大，从医学理论到临床实践，为中医药事业的传承和发展作出了突出贡献，是近现代百年来中华中医药界的杰出代表。

丛书的出版，对于弘扬中华文化，振兴中医药事业，造就中医药人才，普及中医药知识，具有重要的现实意义和深远的历史意义。这是一项开创性工作，填补了我国为著名中医药学家大规模撰写传记的空白；也是一项抢救性工作，因入选传主已仙逝过半，许多亲历、亲见、亲闻的史料日见散逸，将之收集整理、编撰成书，功垂后世、利国利民；更是一项承前启后的工作，总结传主经验，传承中医药伟业，继往开来，光耀世界医学之林。这部医文结合，富蕴历史性、学术性、文学性和实用性的鸿篇巨制，对医疗、卫生、科研、教育及全球关注中华中医药文化的各界人士，都有重要的参考和阅读价值。

丛书的编撰出版，是一项巨大的中医药文

化建设工程，在策划、撰写、编辑、出版过程中，自始至终得到了国家有关领导、政府部门及社会各界人士的关心和支持。国家中医药管理局高度重视，并组织专家对全书进行终审；数百名专家、学者亲临指导，参与规划；有关省、市、自治区卫生厅、局、中医局（处）给予大力帮助；传主及其亲属、弟子热情支持、密切配合；撰稿人深情满怀、辛勤笔耕；编审专家尽心竭力、精工细琢；关爱中医药事业的企业家热心公益、慷慨资助；全体工作人员不辞辛劳、无私奉献，这一切使丛书得以顺利出版。对此，我们深表谢意。

由于时间紧迫和资料搜集困难，加之水平有限，难免有疏误之处，敬请广大读者批评指正。

中华中医药学，历史悠久，源远流长，发端于远古，奔向于未来。百年对于历史，不过是短暂的瞬间；百人对于万众，不过是沧海一粟。然本丛书所记载的百年百人，则无疑是波澜壮阔的中医药发展史上辉煌的篇章和光芒闪烁的璀璨星辰。

张镜源

目录

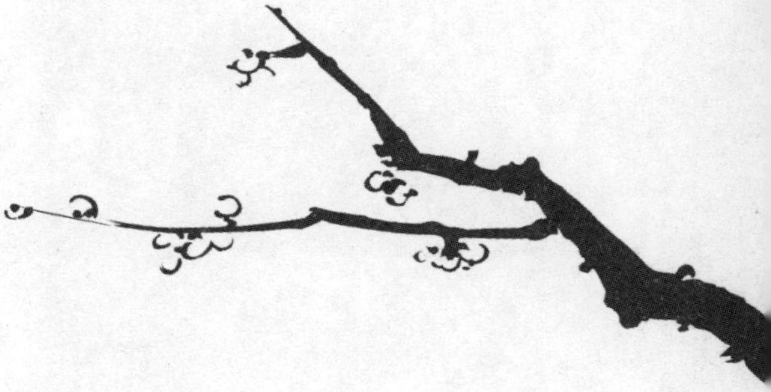

立身求真务实，处事淡泊名利；弘扬正骨医术，矢志健康人生。只要面对病人，什么烦恼都没有了。

——郭维淮

郭维淮，1929年8月生，河南省洛阳市孟津县平乐镇人。主任中医师，著名中医骨伤学家，洛阳平乐郭氏正骨第六代传人，人事部、卫生部、国家中医药管理局确定的首批全国老中医药专家学术经验继承工作指导老师，我国中医药界首位“白求恩奖章”获得者，享受国务院政府特殊津贴。现任中华中医药学会终身理事，《中医正骨》杂志主编，河南省洛阳正骨医院、河南省正骨研究院名誉院长等职。曾任中华中医药学会理事，中华中医药学会骨伤科专业委员会第一届委员会副主任委员，中华中医药学会骨伤科分会第二、三届理事会顾问，全国高等中医院校骨伤研究会副会长，河南省中医学会副会长，河南省中医骨伤科学会主任委员等职。1956 年、1959 年分别被评为全国先进工作者，出席全国先进工作者代表会议和全国劳动模范群英会。全国第五、六届人大代表，河南省第七届人大代表。

郭维淮从医 60 年来，为中医骨伤事业的发展作出了突出的贡献。1956 年创建河南省洛阳正骨医院，1958 年创办了全国第一所中医骨伤科大学——河南平乐正骨学院，1959 年创办河南省洛阳正骨研究所（现名河南省正骨研究院），1989 年创办国家级杂志——《中医正骨》。他秉承弘扬家学、振兴中医骨伤事业之志，一直辛勤耕耘在中医骨伤医疗、教学、科研、管理第一线，使洛阳郭氏正骨不断完善提高，成为理论体系完整、学术内涵丰富、临床疗效独特、在国内外有较大影响的中医骨科重要学术流派，是中国医药学百花园中的一枝奇葩。他总结概括的洛阳正骨“三原则”、“四方法”及“破、活、补”三期用药等技艺，突出了中医整体辨证、动静互补的特色，提高了临床诊断准确率和治疗有效率。曾多次应邀赴京为党和国家领导人李先念、彭真、王任重、张爱萍等疗疾治伤，获满意疗效，受到中央保健局的高度评价。

他广纳百川，运用现代科学技术对洛阳正骨进行深入研究，获科技成果奖 9 项，其中“中西医结合手法复位治疗外伤性陈旧性关节脱位”，1978 年获全国科学大会重大科技成果奖；出版著作 7 部，其中《平乐正骨》一书荣获河南省科技进步一等奖；在国内外刊物发表学术论文 37 篇。鉴于他的突出成就和贡献，1991 年被国务院授予“国家有突出贡献专家”荣誉称号，1993 年被河南省委、省政府命名为省管优秀专家，1995 年荣获人事部、卫生部、国家中医药管理局颁发的全国卫生系统最高荣誉奖——“白求恩奖章”，2005年被聘为世界中医药学会联合会骨伤科专业委员会首席顾问，2005年被中华医学会授予“国医楷模”称号，2006年获“首届中医药传承特别贡献奖”，2007年6月被国务院确定为第一批国家级非物质文化遗产中医正骨疗法项目代表性传承人。

祖传绝技有渊源
神奇疗效传佳话

位于“居天下之中”的“九州腹地”洛阳，是中国有名的十三朝古都，历史名人灿若群星，历史文化积淀深厚。中华文明根在河洛，中国佛教肇始于此（白马寺为中国佛教第一寺），道教勃兴于此，儒教扎根于此。郭维淮就出生在这个人杰地灵的地方。他家位于距洛阳老城约七公里的孟津县平乐村。平乐村，古称“平乐观”，早在汉末就是国家军队出征时送别宴饮场所，也是文人雅士聚集之地。唐代大诗人李白《将进酒》中有“陈王昔时宴平乐，斗酒十千恣欢谑”之句，其中的“平乐”即为郭维淮的家乡。可见当年平乐的盛况和繁荣，也表明了平乐地理位置的重要和显赫。平乐村背靠北邙，前瞻嵩岳，西有一条南北大道，南达古都洛阳，北越邙山渡黄河，可直达燕晋，所以一年四季客商行人、骡车马驮络绎不绝。因郭氏正骨起源于此，人们便将其称为“平乐郭氏正骨”。又因平乐村距白马寺约三公里，百姓遂将郭氏正骨称为“白马寺正骨”。1956 年，郭维淮与其母亲（平乐正骨第五代传人高云峰）创办了洛阳正骨医院，因此，百姓也将郭氏正骨称为“洛阳正骨”。

关于平乐正骨的起源，由于时代久远和资料不全，已无从稽考，但在民间至今还广为流传着三个神奇的传说。

传说之一：郭氏正骨源于明末清初的神医祝尧民。据 1947 年所修的《洛阳县志》载：“祝尧民，字巢夫，明末举人，伤明亡而弃举业医，号薛衣道人……得仙传疡医，凡诸恶疮，敷药少许即愈。或有断胫折臂者，延治，无不效，时人比之华佗。”《虞初新志》亦说，祝尧民少年时，已以文字才华而名，后于明崇祯甲申年（公元 1644 年）弃仕途而学外科医术。在一个寒冷的雪天，祝尧民途经平乐村时得重病，幸被平乐郭氏族人郭祥泰救起，并待之甚厚，遂传秘术以报答之。

传说之二：孟州某君与郭祥泰来往甚密。他在外云游期间，得正骨医术。三年归来，得知举家老幼承蒙郭氏照顾才免于饥荒之苦，于是秘授治疗跌打损伤之术以报答。

传说之三：有一老者乞于郭祥泰门前，郭氏怜而收留，赠以饭食。数日后老者患病不治，临终前嘱咐死后埋于郭氏门前老槐树下，并每日用淘米泔水浇之，日后掘开坟墓。郭氏按照老者的嘱咐办理，只见一具白骨，胸前有一桑皮书，载有治疗骨伤的手法及方药，于是郭氏世代行医。

关于平乐正骨的高明医术，百姓间更流传

着许多传奇故事。

一个农民，大腿脱臼，被人用牛车拉到平乐郭家大院门前，远远便听得见他的惨声哀号："我的腿掉了，我的腿掉了！"郭氏正骨第四代传人郭聘三走近牛车，看了看，说："你的腿哪儿掉了，没有掉，你下来走走看！"那农民嚎啕不已："我的腿掉了，疼死我了！"郭聘三迈前一步，用力踹他一脚，说："啥事都没有，你叫啥哩，下来！"那农民求医心切，见大夫叫自己下来，不敢不从，便伸脚下牛车。踏足平地，咦，果然腿没掉，还可以走路了。

一位年轻人，下颌关节脱位，来到郭家求医。其时患者甚多，皆规规矩矩排队。年轻人手托下巴排在队尾等候。郭聘三看见后，故意从他的身边走过，擦身之际，胳膊肘用力一抬，重重撞了一下年轻人托下巴的手臂。然后，扭过头问年轻人："你站在这干啥？"年轻人答："我的下巴掉了。"郭聘三一笑："下巴掉了你还能说话？没掉，走吧！”年轻人摸摸下巴，真的好了。想起刚才一撞，恍然大悟，郭聘三已在弹指间把他的下巴给合上了。

又有一人，腰部有疾，被马车拉着来到平乐。郭聘三嘱其从车后面慢慢下来。患者依从，下车后手扶着车尾勉强站立，正想开口向郭大夫叙述病情呢，却见郭大夫走到马车前猛一扬鞭，马受惊，车子忽地颠了一下。患者但觉身子被猛拽一下，心想，这大夫是不是不愿给我治病，想赶我走啊？还没回过神来，郭聘三已转身对他说：“你没事了，走吧！”患者想，你还没给我诊治呢，怎么就说我没事了？仍旧站着不动。郭聘三说：“你怎么不走啊？走吧！”患者不得不抬步，一走，腰竟然可以挺直了。

显然，这些故事有许多不够科学甚至夸张的成分。但是，这些传说，寄托着群众几百年来对郭氏正骨医术的信任和赞美。

正骨传人德艺馨 冲破祖训献秘方

平乐正骨第一代传人郭祥泰之医术究竟承自何人，虽无从稽考，但郭祥泰曾受业于名医，并刻苦研习，得晓医理，又经历了长期的医疗实践始创出平乐正骨术，是毋庸置疑的。也就是从他开始，平乐正骨开始有了名气，并有了“平乐郭氏正骨”的名号。

第二代传人郭树信。第三代传人郭贯田，字寸耕，系郭树信长子。据《洛阳县志》第十二册记载：寸耕“踵方术”于父后，“多应外延请”诊病。光绪年间，寸耕为河南府知府文悌医其子，痊愈后，文悌以两千金为其祝寿，寸耕辞不受。臬司延医其母，以重资报，寸耕也却之。光绪二十六年（公元 1900 年），八国联军入侵北京，慈禧太后和光绪皇帝西巡避难，途中有贝勒受颠马伤，寸耕医愈之。贝勒劝之官，不应……文悌以义行闻，慈禧太后以檗窠书“好、好”二字赐之。方圆百里的民众为其父子悬匾数块，内容为“仕风膏雨”、“质直好义”、“洁古家法”、“和缓遗风”等，对其医德医术倍加赞誉。

第四代传人郭聘三。据《洛阳县志》和清末孟津举人许鼎臣所编《龙嘴山馆文集》卷九《郭礼尹先生墓道碑》记载：“聘三承祖父业，加以深邃恢闳，旁通《灵枢》，折衷诸先哲奥秘，成一家法，名闻海内。”当时郑州教堂有一美国医生，其子骑马坠地跌断股骨。按美国治法，为保全性命，需要截肢，经聘三手法整复治疗，月余而愈。这位美国医生感慨万分：“中国绝技，西法不敢望。”聘三“以活人为世，以活人为心，其居心厚，其操心洁，间以仪物赠之，未曾不裁酌以义守，若予金钱，则却之，无吝色”。郭聘三医术高超，正骨疗效显著，重病患者“远至百日，或五六十日”，轻病患者“或十数日，或着手”即可痊愈。经他精心治疗，方圆“百里无残废戕扎者”。当时，北京、南京和上海的一些官僚权贵都“不惮数千里”，前来求医问药。

第五代传人郭灿若、高云峰（即郭维淮的父母亲）。郭灿若，民国期间正骨名医。鲁、豫、晋、陕等省前来就医者，络绎不绝。郭家院外，车水马龙。郭氏看病唯以济世活人为旨，而看淡钱财。当时的一些军政要人胡宗南、卫立煌、赵寿山、孔从周等，均曾请郭灿若治过病。

1926年郭灿若与高云峰结为伉俪。当时，平乐郭家大门楼旁，有一棵近百年的大黑槐树，树下几条长凳，就是“候诊室”；一张桌上放个拌药碗，就是“药房”；一张圈椅，一个木板床，就是“手术台”。高云峰就是这所“家庭医院”的“主治大夫”。槐树下热闹非凡，挤满了四面八方来的病人。高云峰忙忙碌碌，从黎明直到天黑，每天诊治一二百人。因此，有“天下骨病一石，云峰能医八斗”之说。

1929 年 8 月，郭维淮就降生在这样一个中医世家。但一年后，郭维淮的父亲郭灿若得了“水臌”病（肝腹水）。精于医道的他，对自己的病情是了解的。望着年幼的儿子，郭灿若犯了愁，担心郭家世代相传的正骨医术在自己手中失传，愧对祖宗。他思前想后，决定冲破“传男不传女”的祖训，把正骨医术传于夫人高云峰。做了母亲不久的高云峰却比丈夫更愁苦：一个女人家，去给那些赤胳膊露腿的男人捏来捏去，这算啥……再说，自己从小一个大字不识，咋给人家开药方？

郭灿若不断地劝导高云峰，有时甚至动怒、流泪……高云峰最终被丈夫说服了。于是郭灿若一面手把手教她“平乐正骨六法”：切摸、牵引、复位、固定、按摩、捏筋；一面亲自给她写了“仿影”，上写川芎、当归、珍珠、甘草等中药药名，让她通过描仿学会认字。白天，郭灿若带病坚持为病人治疗时，就让高云峰在身边当助手，通过实践逐步掌握正骨技术；而到了夜晚，郭灿若就教高云峰学字、背处方。

高云峰靠她的聪明和惊人的毅力，认识了很多字，背了很多药方，渐渐地，在那棵粗黑的大槐树下，整日可见她忙碌的身影。病人起初称她“高姑娘”，继后称她“高大娘”，后来称她“高老太”，几乎和从前的郭家传人不相上下了！1950年，郭灿若病逝时，高云峰已成为远近闻名的名医，并成为郭氏正骨第五代传人。

郭维淮生在这个中医世家，自幼看父母行医，协助父母治病，跟父母学习正骨医术，经父母口传心授积累了丰富的临床实践经验。在父亲的指导下，他先后研读了“四大经典”和《本草纲目》、《濒湖脉学》、《医宗金鉴》、《伤科补要》等中医著作，14 岁已掌握了平乐郭氏正骨的治伤和用药方法，开始独立应诊，成为平乐正骨的第六代传人。

1948 年的一天，黎明时分，平乐村里突然驻进了中国人民解放军，前街后街住得满满的，说是要攻打洛阳城。就在这时，几个解放军战士来到大槐树下，把一张纸贴到郭家的大门上。高云峰拉着儿子郭维淮，急急慌慌地问："淮，快念念，这上都写的啥？好些字我都不认识呢，快念！"

年轻的郭维淮怯生生地念道：平乐郭氏正骨，相传数代，颇负盛誉。乃祖国民间医学宝贵之遗产，关系劳动人民生活疾病之治疗，凡我全军指战员，均应加以保护，不得影响其行医疗疾。特此布告。

念着，念着，郭维淮的声音变得洪亮了，大滴的泪水在面颊上流淌着。

高云峰更是喜出望外："淮，再念，再念，

让妈再听一遍!”

郭维淮高声念了一遍又一遍，声音都嘶哑了。

郭维淮和母亲高云峰激动得彻夜难眠，在母子俩的心灵深处，顿时生出对解放军的感激之情。

洛阳解放后，“平乐正骨”这颗中医学宝库中的珍珠也重放异彩。

平乐村前大槐树底下来看病的人更多了。各级领导也来看望高云峰、郭维淮母子，不但把党的温暖带给了他们，更把“为人民服务”的思想灌注到他们心田里。

那时，郭维淮单纯、热情，求知欲很强。洛阳专区办中医训练班，他第一个报名。洛阳地区中医院招大夫，他也积极报名参加。有一天，母亲向他诉苦，说自己年纪大了，每天看一二百号病人实在忙不过来，希望他能回来帮帮自己。郭维淮眨着明亮的眼睛对母亲说:

“娘，人手不够，我一个人回来也顶不了大事，您老人家收几个徒弟吧，把咱家的技术和秘方传给更多的人，您不就可以轻松一些？”

儿子提出的问题，让母亲感到意外，母亲注视着自己的儿子，一时说不出话来。她的脑中翻江倒海：郭氏正骨誉满四方，除正骨有绝招之外，还有祖传秘方接骨丹、展筋丹的配方，郭氏正骨，代代相传，传儿不传女，传本姓不传外姓。若祖传近 200 年的秘方，从自己手中传给异姓他人，郭氏祖宗会答应吗？郭氏庞大的族人会同意吗？

经过激烈的思想斗争，郭维淮和母亲高云峰最终说服了族人。不久，在洛阳老城十字街头，举行了隆重的献方仪式。街口墙上张贴着醒目的大红纸，上面工工整整抄写着《平乐郭氏正骨接骨丹、展筋丹秘方》。从此，有 200 多年历史的郭家“祖传秘方”不再是秘密，属于人民了！

1956 年 1 月，高云峰作为特邀代表出席了全国政协第二次会议，在中南海怀仁堂受到了毛泽东主席、周恩来总理等中央领导同志的亲切接见。毛泽东主席问她：你就是人们所说的正骨专家高云峰？她回答说：“是。”毛泽东主席笑着问：是高山的高，云彩的云，山峰的峰？她回答说：“是。”毛泽东主席又指着自己的胳膊问她说，如果我这个地方断了，你能接上吗？她回答说：“能。”毛泽东主席认真地问，怎么治？高云峰伸出自己的左胳膊，用右手比划着回答毛泽东主席的询问，说：“用手这么一拉一捏就好了。”毛泽东主席高兴地说：很好，你的技术很高，回去多带徒弟，好好为人民服务。

毛泽东主席的谆谆教诲和殷切期望，给高云峰以极大的鼓舞。从北京回来后，她毅然冲破“传男不传女，传本姓不传外姓”的家规，开始带异姓徒弟。同年9月，河南省政府在郭维淮的家乡平乐村建立了洛阳专区正骨医院。

创办学院传医术
培养人才遍中华

中华人民共和国成立之后，为解决各级医院骨伤医生奇缺，不能满足骨伤病人求医治病的困难，于 1958 年 9 月，卫生部和河南省决定以平乐郭氏正骨为依托，在白马寺西侧建立河南省平乐正骨学院，以培养急需的骨伤医生。这是我国有史以来第一所中医骨伤科高等学府。高云峰任院长，郭维淮任教研室主任和讲师。由于高云峰社会兼职多，不但经常外出开会，外诊也特别的多，因此不论是教学，还是看病，都把郭维淮推到了第一线。后来，学院又办了附属制药厂，生产郭氏正骨祖传药物接骨丸、展筋丹、活血接骨止痛膏等中成药，配料工作全靠郭维淮。郭维淮像机器上旋转的齿轮，一天到晚转个不停。学院的建立，郭维淮既感到神圣和兴奋，又感到了责任和压力。当时由于学院建得急，讲义没有，教材没有，教学大纲也没有，给学生讲些什么，怎么讲，他心里没底。自己虽然当了骨科大夫，但那是口传手授，手把手学来的。现在要给学生上大课，要把学生们培养成国家医疗卫生事业需要的栋梁之材，的确是个艰巨任务。但郭维淮没有退缩，他说："办大学，是党和人民对平乐郭氏正骨的信任，是历史和时代赋予郭氏正骨的重任，我责无旁贷，绝不能辜负党和人民的期望。"没有大纲，自己订；没有教材，自己编；没有讲义，自己写；不会的，就学。学院先后派 30 多人到北京、上海、天津、南京等地学习同行各家流派的特色和经验，同时广泛涉猎医学名著，探究古书要义。功夫不负有心人，经过一年零七个月的不懈努力，一部约 40 万字的《正骨学讲义》问世了。《正骨学讲义》比较完整、系统、全面地反映了平乐郭氏正骨的学术思想和临床经验，充分体现了中医特色，而且也有郭维淮的许多新见解、新观点。

平乐正骨学院是我国第一所中医骨伤高等院校，在没有现成教学经验可以借鉴的情况下，郭维淮根据中医正骨操作多、技巧性大、辨证多样、用药灵活的特点，针对学生的具体情况，摸索出一套非常实用的教学方法，即临床学习“九步走”、讲课“五结合”、“三边”、“一总结”。

临床学习“九步走”：即一看，二摸，三记病历，四砍竹篾摊膏药，五当助手，六按摩，七手捉手学手法，八看病先易后难指导做，九独立临床勤摸索。郭维淮坚持并严格要求每个学生在老师的指导下走完这九步。因为当时大多学生中医正骨基础知识较少，所以必须从看开始。在看老师做的过程中，老师给他们作解释，讲授正骨知识，使学生对中医有初步的印象，然后根据每一个病人的具体情况，边教他们认症，边教他们亲自摸一摸，体会一下，什么骨折有什么茬形，什么茬形有什么骨擦音，什么症应该用什么手法和药物等，从而熟悉中医骨科的诊疗方法。经过看、摸以后，学生们对中医骨科认症、论述都有了初步的理解，就可以帮助老师记病历，通过记载治疗过程，使他们更进一步了解中医正骨的知识。这三步主要是让学生学习一些基础知识，为下一步进行临床操作打下基础。

过去在骨伤治疗中没有现成的夹板等固定工具，需自己事先砍竹篾，所以砍竹篾摊膏药是临床工作的开始。有些学生不愿学这些“小事”，郭维淮就反复给学生讲：骨折病人整复再好，如果没有适当的竹篾，固定不牢，药调不好，敷不上，还是治不好病的。使学生们体会到做一个正骨医生必须先学会制作适合各种病情的竹篾，学会摊调膏药等基本功。

学生们学做整复手术时，必须先学会如何当助手，知道什么骨折茬怎样用力牵引，同时也要学习按摩活筋。最后老师带他们整复，这一步主要是手把手教手法，边讲边做。经过一段手把手学习之后，学生们基本上掌握了平乐正骨的手法，老师在旁边指导就行了。最后让他们独立临床，有问题老师再去指导，直到学会为止。

在教学中，郭维淮深切体会到：骨伤科教学必须紧密结合临床、结合实践才能取得好的效果。因为有许多问题，如果学生们不结合临床实际，不是没听懂，就是听得不完全。所以，在教学中，他提出了“五结合”的授课方法。“五结合”是：第一，老师系统讲与当场示范相结合。老师从理论上讲每个病的发生原因、病症特点、诊断方法、如何整复等；然后结合病人实际情况，一边讲一边给学生做示范，使学生记忆更深刻。第二，老师教与学生相互教相结合。学生们由于各方面的原因，对同一病有不同的理解，有的做对了，有的做错了，老师讲过之后，就让做对的学生当老师，去教做得不对的学生，直到都会了为止。第三，讲课解答问题与学生苦练相结合。学生们提出的问题往往是由于自己没有练习，体会不深而产生的。所以老师要耐心讲述、解答问题，但一定要鼓励学生勤学苦练。第四，用手操作与绘画相结合。骨科中许多固定方法、疾病的特点，需要记很多笔记、写很多字去描写，但如果能形象地画一遍，记得就会更深刻。第五，理论与临床对照相结合。郭维淮要求老师们，如果有些疑难病、罕见病，在讲课的时候没有临床病人，以后不管什么时候有病人，一定要让每个学生看一看，摸一摸。

郭维淮在几年带学生的过程中还体会到：若要带出骨伤科的好医生，教师还必须做到

“三边”、“一总结”，即边讲边示范，边讲边认症，边讲边手把手整复；讲一点学一点，点点有总结。

郭维淮在教学过程中摸索总结出的临床学习“九步走”、讲课“五结合”、“三边”、“一总结”等方法和经验，受到了学生们的赞扬，认为这些经验和方法具体实用，要求严格，深入细致，通俗易懂。当时全国有 19 个省市的 101 个考察团到平乐正骨学院考察学习，郭维淮向大家介绍了“九步走”、“五结合”、“三边”、“一总结”等方法和经验，让学生做了平乐正骨技术表演，大家对这些做法给予了很高的评价。

事实证明，这种寓学于教、教学结合的方法和经验是成功的。从毕业生以后在各自工作岗位上作出的成绩看，当时平乐正骨学院的教学质量是比较高的。从 1958 年创建平乐正骨学院到 1962 年停办，学院共办了 4 个本科班、3 个专科班和 2 个学徒班，培养了 300 余名学生。

这些毕业生分布全国各地，后来均成为各地骨伤科的骨干，许多人成为学科带头人。河南平乐正骨学院虽然只存在几年，但正骨医术在全国已生根开花。据1993年统计，全国有骨伤系或附属医院中设有骨伤科的20余所中医学院中，有14所中医学院骨伤系主任或骨伤科主任，是平乐正骨学院的毕业生。还有一些毕业生担任学院的领导和省专业学术委员会的领导，如广西中医学院院长韦贵康、河南省风湿病医院院长娄多峰、上海骨伤科研究所主任祝波、云南中医学院教授吴乃凤、安徽中医学院教授丁锷、湖北中医学院骨伤系主任刘克忠等。他们在骨科领域辛勤耕耘，为平乐正骨术的传播作出了应有的贡献。

后来，很多学者、教育工作者、媒体工作者在回顾总结平乐正骨学院的功绩时，感慨地说：河南平乐正骨学院是“新中国正骨学界的黄埔军校”，开创了中医骨伤规范化、科学化教学的新方法。

办学的成功，不仅得到了有关部门和领导的高度评价，也得到了社会的充分肯定，以至于后来全国不少中医学院成立骨伤系时，都来河南省洛阳正骨医院参观、考察，借鉴办学经验。虽然学院停办，但为了满足社会需要，卫生部确定洛阳正骨医院为全国中医骨伤科医师培训基地，每年举办一期全国中医骨伤科医师培训班；河南省委、省政府决定由洛阳正骨医院和河南中医学院联合举办成人中医骨伤专业大专班；与安徽中医学院、上海中医药大学、湖南中医药大学等高等院校联合举办硕士培训班等。有耕耘就有收获。50多年来，洛阳正骨医院先后为国家培养中医骨伤医师5000余名，遍及全国。平乐郭氏正骨的种子，已在各地生根发芽，开花结果。

继承精髓又发展
辨证施治显奇效

郭维淮作为洛阳平乐郭氏正骨的第六代传人，深知自己的责任和义务。60多年来，他致力于家学的弘扬和传承，执着于中医骨伤科的振兴和发展，辛勤耕耘，不断探索，师众而各取所长，承先而有独到见解，不仅深得家学之精粹，而且运用现代科学技术手段，对平乐郭氏正骨传统技法和药物进行了深入研究，使其不断完善提高，成为在海内外享有较高声誉、理论体系完整、学术内涵丰富、临床疗效独特的中国重要的中医骨伤科学术流派。

郭维淮独创“三原则、四方法”，确立平乐正骨系统治疗体系。三原则即：整体辨证，筋骨并重，内外兼治；四方法即：治伤手法，固定方法，药物疗法，功能疗法。他系统总结、完善平乐正骨方法，将其概括为“平乐正骨八法”：拔伸牵引法，推挤提按复位法，折顶对位法，嵌入缓解法，回旋拨搓法，摇摆推顶法，倒形逆行法，旋撬复位法。提出调理气血为骨伤科疾病治疗的总则，气贵旺，血贵运，治气以补为要，治血以活为旨。疑难杂病以调理气血为要，顾护脏腑为重。久病虚证从肝脾肾、气血论治，是骨科疾病辨证论治的纲领。创伤后神经损伤——痹、痿兼见，当从肝脾肾和气血辨证论治。创伤后关节僵硬——筋腱挛缩，痹凝互阻，首责气血，次及肝肾。骨折迟延愈合与不愈合——理气为纲，以祛瘀、养血、培补肝肾为目。股骨头缺血性坏死——肝脾肾为纲，气血虚弱、痰瘀互阻为目。强直性脊柱炎——阴阳失衡为纲，肝肾不足为目，次及风寒湿相夹杂。在药物治疗骨伤方面，提出“破、活、补”三期用药原则，丰富了骨伤治疗的理论和方法。治伤“三原则”和“四方法”是平乐郭氏正骨的主要学术特点。

治伤“三原则”——整体辨证、筋骨并重、内外兼治。平乐正骨的核心是整体辨证，筋骨并重，内外兼治。而整体辨证既是中医的理论核心，也是治疗伤科疾病和骨科杂症的精髓所在。人是一个有机的整体，组成人体的皮肉、筋骨、脏腑、经络、气血及各种组织器官，在结构上互为一体不可分割，在功能上相互依赖，相互协调，相互为用，相互制约。同时，自然界既是人类赖以生存的条件，也是疾病发生的外因与条件，所以人和自然的关系是对立统一的辩证关系。强调整体观念的重要性，也就是强调人体无论受到何种原因、何种形式的损伤，都会使气血紊乱，经络受阻，脏腑功能受到影响，出现局部与全身症状，导致阴阳气血失衡，从而使人体这个整体处于“不平衡状态”。正如明代薛己在《正体类要》中所说：“肢体损于外，则气血伤于内，营卫有所不贯，脏腑由之不和。”外伤侵及人体，有些是直接受伤，有些是间接受伤，医者必须分清主次、轻重，然后辨证论治。

骨折愈合在不同时期，机体有不同变化。平乐正骨十分强调在早期用祛瘀接骨方药，中期用活血接骨方药，后期用补肝肾接骨方药，并要结合病人情况，进行辨证施治，使阴阳平衡，机体恢复正常动能状态。人体筋与骨互为依赖，相互为用。《灵枢经》记有“骨为干，脉为营，筋为刚，肉为墙，皮为坚”。因此强调治伤时要筋骨并重，即使单纯的筋伤，从治疗开始也应注意不断维持和发挥骨的支撑和筋的运动作用，只有这样才能加速创伤愈合，收到事半功倍之效。

治伤“四方法”——治伤手法、固定方法、药物疗法、功能疗法。治伤手法分诊断手法、复位手法和治筋手法。诊断手法也就是平乐正骨所说的“手摸心会”，要想治好病，首先要认清病症，借用医者的手，通过触、摸、探，对病情了如指掌，作出正确判断。复位手法是治疗伤科疾病的一大精髓，郭维淮在先辈基础上总结的“平乐正骨八法”，即拔伸牵引、推挤提按、折顶对位、嵌入缓解、回旋拨搓、摇摆推顶、倒形逆行和旋撬复位，把平乐正骨术向前推进了一大步，达到了法生于心，法出于手，灵巧变化的较高境界，解决了大量临床疑难问题，提高了骨折的复位率。

例如陈旧性关节脱位，超过三周就难以手法复位。郭维淮带领科研人员通过长期潜心研究，在大量解剖和手术实践的基础上，对其病理变化作出了较为深刻的揭示，总结出手法活筋、剥离粘连、旋转伸曲、松解挛缩、摆动摇晃、研磨盂臼的一整套整复外伤性陈旧性关节脱位技术，使两个月以内的脱位可得到满意的整复效果。

肱骨外髁翻转骨折，由于外力和附着于骨折块上的肌肉牵拉力造成的翻转移位很难复位，西医不少同行主张手术切开复位，而郭维淮在运用洛阳平乐郭氏正骨手法的基础上，结合局部解剖结构特点，总结了该骨折的三种类型以及相应手法，在全国最早通过手法复位、小夹板固定，成功地治愈了此型骨折。此项“中西医结合手法整复肱骨外髁翻转骨折”的研究，于1978年获全国医药卫生科学技术大会重大科技成果奖。年近八旬的中科院院士、耐火材料专家钟香崇，在香港讲学期间，不慎将胳膊摔伤，造成右肱骨外髁颈粉碎性骨折，被送往香港皇家医院，医院建议手术治疗。他觉得自己已经是高龄老人，不愿意再受皮肉之苦，要求回洛阳手法治疗。香港皇家医院同意了他的请求。回洛阳后，在正骨医院采用手法整复一个多月就康复了。出院后，他给医院写来感谢信说："我在你们医院治疗50余天，得到医院医师和护士的精心治疗、细心护理，病情恢复神速，特表示衷心感谢！"其实，钟院士最感激的是洛阳正骨医院的手法复位，免除了一场皮肉之苦。

股骨上段骨折，由于解剖原因，很难使其复位并固定。郭维淮根据复位机理，研制出板式架，运用钢针撬压法治疗股骨上段骨折，取得了较好的效果。该项研究1982年获河南省科技成果二等奖。

距骨颈骨折合并距骨体三度脱位是骨科闭合复位的一大难题。郭维淮带领大家通过对损伤机理的研究，提出复位时必须先行强力背屈踝关节，才能使胫跟关节后侧间隙扩大，距骨体才能通过此间隙回入踝穴，达到复位目的，由此使绝大多数三度骨折患者得以顺利复位，避免手术之苦。

当人们走进洛阳正骨医院门诊大厅的时候，

有一块耀眼的贺匾会映入眼帘，上边醒目地写着：医德高尚，堪称楷模，技艺精湛，公推一流。落款是陕西省委办公厅。陕西省委办公厅怎么会给洛阳正骨医院送来这样一块贺匾呢？这里有一个故事。

1992年，陕西省委书记张勃兴率领中国党政代表团到美国访问，在纽约下飞机的时候，不慎一脚踏空，造成脚跟部粉碎性骨折，被送往美国罗斯福医院治疗。经过专家会诊，该医院拿出的治疗方案是：先卧床休息两个月，等畸形愈合后，再行矫正手术。

手术后，骨头愈合大约还得两个月。高昂的医疗费用和长久的治疗时间，使张勃兴无法接受这个方案。在中国驻美大使馆的帮助下，正在美国讲学的我国著名显微外科专家陈中伟教授赶来给张勃兴做了诊断检查。陈教授在认真检查之后，经过全面权衡国内外治疗水平，建议张勃兴回国治疗。

张勃兴回国后，国内几家大医院的专家立即给他进行了会诊，但确定的治疗方案和美国罗斯福医院的方案差不多，这让张勃兴感到无奈。这时有人向他提出建议，不能光盯着美国、北京的大医院，不妨到河南洛阳正骨医院去试一试。张勃兴听了，猛然醒悟：陕西与河南搭界，洛阳正骨医院在陕西也很有名气，我怎么就把它忘了呢？

张勃兴到洛阳正骨医院的时候，已经是骨折后的第八天了。郭维淮立即组织专家进行了会诊。经检查，张勃兴左脚跟粉碎性骨折达八块之多。而且，后距下跟骨关节面严重塌陷，其结节角为副角，横径增宽，足部肿胀，活动受限制。骨伤科的医生都知道，这个部位的骨头结构复杂，骨头小，整复起来非常困难，如果处理不好，很容易落下后遗症。经过认真研究张勃兴的病情，郭维淮决定采用钢针撬拨法进行手法整复，再用医院发明的一种叫“经跟距反弹固定器”的外固定器固定。第二天，郭维淮带领医务人员，在X光机透视下，先用一根钢针小心地将移位的骨块一块一块撬拨回原位，再用固定器将已回复原位的骨块固定起来，前后不到一个小时，就结束了手术。手术后，来协助治疗的陕西、河南多位骨伤科专家，看到已达到解剖复位的X线片，都感到不可思议而由衷地敬佩。复位进行得这么快，张勃兴简直不敢相信。

后来张勃兴问国家中医药管理局的领导同志，洛阳正骨医院这是什么水平？国家中医药管理局的领导同志回答说，对于跟骨压缩性骨折，美国没有好方法，我们中国洛阳正骨医院有，我看是国际先进水平。

陈中伟教授从美国讲学回来，专程到西安看望张勃兴。他详细询问了治疗方法和过程，认真检查了治疗效果，非常郑重地对在场的人员说，河南省洛阳正骨医院的这项治疗成果，应该在国际上拿大奖!

活筋手法是根据中医学“筋伤往往伴随气伤”的基本原理，分清经筋所属，给以循经向远端疏导的手法。配合穴位点按，通经止痛，治疗急性伤筋可收到立竿见影的效果。而对慢性伤筋，则采用就近取穴，给以按摩通经活络，配合肢体功能锻炼，获得良好效果。若同时配合平乐正骨揉药法进行治疗，则会取得事半功倍的效果。在筋伤治疗方面，郭维淮总结出独具特色的“点穴按摩法”、“揉药按摩法”、“活血理筋法”、“拍打叩击法”、“自身练功法”等方法，丰富了中国传统医学在筋伤治疗方面的内容。

20 世纪 80 年代初，郭维淮经常被接到北京去，去干什么，别人不好意思问，郭维淮也始终没有透露过，在洛阳正骨医院，这是一个谜，谜底直到 1987 年才揭开。

1987 年，在洛阳正骨医院建院 30 周年庆典前夕，一封北京的来信揭开了这个谜底。信的内容是：

河南省洛阳正骨医院：

值此建院卅周年之际，特函祝贺！希望运用现代科学技术，发展中医正骨事业，为人民群众造福。

中华人民共和国主席　李先念

医院大庆，预先并没有告诉国家主席李先念，李先念主席怎么会突然发来贺电呢？在医院其他领导追问下，郭维淮才告诉大家，1983年前后几次进京，就是给李先念主席看病。郭维淮谦虚谨慎，从不炫耀自己。他给中央首长看病，中央首长称赞他是“神医”，他不但没有在医院里讲过，就连他家里人也没有告诉。

郭维淮第一次进京，是应中央保健局的邀请，他自己当时也不知道是给谁治病。他到中央保健局的时候，保健局的领导同志只是拿出一些X线片让他看。等他看过之后，保健局的同志问他："这种病你能治吗？"郭维淮回答说："从片子上看，患的是肥大性脊柱炎，这是西医的叫法，中医叫劳伤气虚肾亏腰痛，这种病属于慢性劳损性疾病，很顽固，用中医方法治疗要比西医效果好。"保健局的同志接着问他："应该如何治疗？"郭维淮回答说："按照中医方法和我们洛阳平乐正骨疗法，辨证施治，让患者内服益气壮腰健肾药物，外用平乐展筋丹加手法进行推拿按摩。"郭维淮谈了自己的意见。保健局的同志又问："你估计治愈得多长时间？""一个月时间吧。"郭维淮非常有把握地说。保健局的同志告诉他说："首长腰痛，卧床不能行动。请过许多中外专家，已经治了几个月了，但不见疗效。你觉得一个月有把握？"郭维淮信心十足地重复着："一个月应该不成问题！"

就这样，郭维淮承担起了给李先念主席治病的特殊任务。郭维淮又详细地给李先念主席做了检查，觉得以前的诊断结论并没有什么差错，然后问：“主席有什么感觉?”李先念主席回答说：“腰及双腿疼痛得厉害，一天到晚躺在床上起不来。疼痛，我倒能忍耐得住，关键是无法下地活动。一月后，我要出访西欧五国，这是去年就定好的，如果不能按时出访，全世界都会猜测是不是我国与西欧国家发生了摩擦。所以，一月后，我能不能按时出访，已经不是身体问题，而变成了一个政治问题。”

李先念主席的夫人林佳楣满眼期望地看着郭维淮说：“解决这个政治问题的关键，就看他能不能站起来行走。”郭维淮抬头看了看林佳楣，说，“请您和主席放心，我一定尽最大的努力争取让李主席按时出访。”

郭维淮天天坚持应用平乐展筋法给李先念主席做展筋手法按摩。大约 7 天，李先念主席居然要下地走走试试。林佳楣不放心地搀扶着他，他把林佳楣推开，说：“我要独自走走。”李先念主席在病房自己走动了几步，疼痛得头上已经冒出了黄豆般大的汗珠，但他仍然非常高兴地说："郭维淮同志，你们家的医术果然名不虚传啊!"郭维淮和林佳楣扶李先念主席坐在沙发上，然后，又开始服侍他吃药。李先念主席问："这药叫什么名字?""叫养血止痛丸。"郭维淮回答道。"是你们家祖传秘方?"郭维淮点点头说："是。"接着，他又补充说，"不过，早在50年代初，处方就已经贡献给国家了。"

经过郭维淮的精心治疗，李先念主席如期出访的愿望终于实现了。当郭维淮向李先念主席告别的时候，李先念主席说：毛主席说过，中国医药学是一个伟大的宝库，这话看来一点也不假。然后，李先念主席拉着郭维淮、夫人林佳楣，以及保健医生一起照了相，作为这次治疗结识的纪念。后来，郭维淮再次被邀请到北京给李先念主席治病。为了防止意外，李先念主席让郭维淮陪同他到怀仁堂去会见泰国公主。

公主还没来的时候，李先念主席向周围负责接待的同志介绍说：“这是我的神医。”

还有一次，郭维淮去北京参加全国人民代表大会，李先念主席接见了他，对身边的人说：“他是个神医。”

两次被国家主席称赞为“神医”，这么大的荣誉，以前他从没有向人提起过。要不是这次医院庆典李先念主席发来贺电，大家一再追问，说不定会被尘封到什么时候呢！也许它会成为永久的秘密。郭维淮就是这样一个埋头苦干、不事张扬、淡泊名利的人。

郭维淮不仅给李先念主席看病，由中央保健局安排，还给张爱萍、胡启立、李德生、胡乔木、丁关根等领导同志治过伤，都收到了很好的疗效。

采用夹板和器械固定治疗骨伤疾病是平乐正骨的特色之一。郭维淮将骨折后的固定概括为“效”（有效）、“便”（轻便和方便）、“短”

（时间、物）三要素。他在原有竹篾、土白布、黑膏药、砌砖、土坯等简易固定基础上，根据人体解剖特点，运用力学原理，创造出一系列更为简便、科学的固定方法。其中包括小夹板固定、粘贴固定、绑扎固定、器具固定、挤垫固定等方法，极大地丰富了骨伤科治疗手段。在骨折固定方面，他改进了家传的固定器具，研制设计出了一系列适合全身各部位骨折及不同年龄骨折病人使用的小夹板及其他外固定器具。根据平乐正骨原则研制的“超踝夹板”，对不稳定性踝部骨折的治疗，固定优良率及功能恢复率都优于其他疗法。该项研究于1985年获卫生部乙级成果奖。

郭维淮对用药物治疗骨伤疾病有较深的研究和独到的见解，他提出了骨伤治疗“破、活、补”三期用药原则。跌打损伤早期，气血瘀滞，以活血化瘀为主；中期，气血不合，经络不通，以活血通络为主；后期，气血亏损，以补气血、壮筋骨为主。但病有新旧，体有强弱，一般少壮新病宜攻，老衰久病宜补。但伤症，多为皮脉筋骨伤，气血瘀滞，经络不通，肿胀疼痛，所以用药以通利为主，也就是古医书上说的“若使经络流通，脏腑中去其瘀滞即无痛矣”。

郭维淮将骨伤后内服药物分为三类，第一类是用于伤后早期急救，如逐瘀护心散、苏合香丸、独参汤等；第二类是用于治疗瘀血症的药，如活血舒肝汤、复元活血汤、清上瘀血汤等；第三类是用于骨断筋伤的药，如三七接骨丸、养血止疼丸、特效接骨丸、加味益气丸等。

关于伤后辨证用药，郭维淮说骨伤“早期”，病人神气不足、面色苍白、脉微细的是亡血症，可服用四物汤加穿山甲、花蕊石，补而兼行。如果昏迷汗出脉微细的，要赶快服用独参汤。发生口渴、内心烦躁、脉微弱而数的，要用生脉散抢救。若伤后没有亡血症状，局部肿痛而没有全身症状的，可内服活血消肿止痛中草药，如复元活血汤或活血舒肝汤、血肿解汤等。若局部肿痛并伴有低热、胸胁满、腹胀、大便不通、小便短赤、不思饮食等全身反应的，可内服活血祛瘀中草药，如加味活血舒肝汤或桃仁承气汤。如果瘀血在上焦，则呼吸急促、咳嗽胸痛或吐痰带血，要服犀角地黄汤（犀角现已代用）；如果大口吐血，宜用百合散；若痰涎壅盛，要急用茯苓丸加红花桃仁汤；痰去后仍然咳嗽吐血，这是逆血蕴于肺，可用十味参苏饮加减，或苏子降气汤加减。如果瘀血在中焦，胁肋胀满，按之发痛，大便不通，小便短赤，不思饮食或恶心，发热恶寒，脉实有力，舌苔黄厚，宜服桃仁承气汤加味，或清上瘀血汤。如果瘀血在下焦，腹胀，腹痛，少腹坚硬，大便秘结，发热汗出，脉沉实、大而有力，舌苔黄厚，个别苔中黑干，甚至有芒刺，宜服抵当汤。若下后腹仍胀，饮食欠佳，小便不利，可服何首乌散加瞿麦、萹蓄活血调气，或因症酌用调中益气汤等。伤后不胀而疼痛，多为气滞，常见于胸胁腰髋处，宜内服通络理气中草药，如复元通气散或行气饮等。

骨伤“中期”，一般瘀滞基本解除，但气血还不十分通畅，内脏还不够调和，除残留一些内伤症外，还可产生一些并发症，局部还有肿痛。这时，应以通经活络、消肿止痛为主，兼顾其他。伤处肿胀疼痛、发青、出现瘀斑，这是局部瘀血流注肌肉之间，应内服通经活络、清热解毒的中草药，如解毒饮或仙方活命饮加减。湿盛加玉米须、扁豆、苍术，热盛加黄柏、黄芩、黄连、蒲公英、地丁，气虚加生黄芪、沙参等。水泡干结后，可内服逍遥散或橘术四物汤、何首乌散加味。上肢伤者加川羌、灵仙，下肢伤者加木瓜、牛膝，使气血畅通，肿硬消退。如全身情况一般，局部肿痛轻微，应内服接骨药物，如地龙接骨丸、三七接骨丸等。单纯筋伤的，内服养血止痛丸。

骨伤“后期”。郭维淮说，久病则虚，虚则影响骨折愈合。由于卧床或固定，常引起气血亏损，营卫不和，并且易由内、外因引发合并症。此期用药原则，应以和营卫、补气血、健脾固肾、通利关节为主，结合具体情况辨证施治。骨折愈合期间，局部及远端肢体虚肿，除固定或加垫不适当外，远端肢体缺乏活动和气虚是主要原因。临床表现为虚肿，皮色不变或稍淡，局部温度不变或稍低，压之留有指痕，朝轻暮重，稍活动则轻，不活动或过多活动则肿胀加重。所以，在治疗上首先要排除固定不当的因素，然后加强远端肢体活动，并宜内服通经活络中草药，如加味补中益气汤或益气养荣汤，上肢伤者加川断、桂枝，下肢伤者加狗脊、桑寄生。骨折愈合期间虚肿不能消退，势必延迟骨折愈合，也将导致关节僵硬。如果骨折延迟愈合，在排除固定和活动不当外，宜内服十全大补汤加龙骨、牡蛎、芡实、川断、巴戟肉等补益气血、固肾涩精的中草药，这样骨头自然就生长快了。

骨折愈合后，肢体仍肿胀严重，稍一活动肿胀更甚，此症应分清是虚证、实证还是湿重而施治。手指点按塌陷不起或肢体成扁形，是为虚肿，肢体下垂时，肿胀加重，上举时减轻，一般上午轻，下午重。内服加味补中益气汤。实肿的患者，肢体圆粗，按之发硬如皮革，不塌坑，一般色暗滞，宜内服橘术四物汤或何首乌散加减，上肢伤者加川羌、灵仙，下肢伤者加木瓜、牛膝。肿而湿重者，腿必自觉发沉，色青或白，局部温度减低，皮肤出冷汗，宜内服独活寄生汤加川萆薢、五加皮、木通、防己。

骨折愈合后，经过功能活动，关节仍然僵硬的，除功能锻炼不当外，气血停滞也是原因之一。一般宜内服和营养荣汤加减，或舒筋活血汤加减及养血止痛丸。凡气血停滞、关节僵硬，若单单活解气血，通利关节，则关节虽通，但气血不足而必复滞；如只重视补气血，则越补越滞。所以应当通中兼补，辨证施治。

康复锻炼。也就是平乐正骨所说的“动静互补”。郭维淮非常注重骨伤科病人的功能锻炼，常言道，“生命在于运动”，而现代人在生活中常是“多吃少动”或“脑动体不动”，这是造成脑体失衡、健康失调的主要原因。《黄帝内经》指出：“久坐伤肉，久卧伤气。”认为久坐、久卧能使人气血阻滞，脏腑气机不畅。汉代名医华佗强调：“人体欲得劳动，但不当使极尔。动摇则谷气得消，血脉流通，病不得生，譬犹户枢，终不朽也。”因此模仿禽兽运动的特点，创造了“五禽戏”作为锻炼身体的方法。张仲景也在《金匮要略》中提出：“四肢才觉重滞，即导引吐纳、针灸膏摩，勿令九窍闭塞。”寿逾百岁的养生家孙思邈针对老年人的特点提出：“人若劳于形，百病不能成。”由此不难看出，康复锻炼对骨折患者的重要性，所以在整个治疗中一定要贯彻“静中动”。静是为了骨折端的稳定，但不是要求患肢绝对不动，不动则会疾病从生；动是在维持骨折稳定的基础上，肌肉关节的适度活动。只有这样才能使肢体功能在骨折愈合中得以恢复，达到齐头并进的效果。

在门诊经常见到上年纪的人因肩关节僵硬来就诊。医学上称为“五十肩”、肩周炎或肩凝症，除了与年龄、机体退化及内分泌失调有关外，最大的原因其实离不开少用、偏用，致使功能减退，筋脉、韧带、关节囊加速衰退或病变。因为肩关节是人体最灵活、最复杂、活动方向最多，活动范围最广泛的多轴性关节，能上举、下垂、前屈、后伸、内收、外展，并可在身体一侧作环状旋转。生物体的功能特性是用进废退。经常摇动旋转肩部，活动各个关节所赋予的运动方向，无论对预防、治疗肩痛还是保养肩膀都不可或缺。所以对这一类疾病的治疗，郭维淮认为药物治疗是次要的，关键是教会患者如何进行功能锻炼，即如何“静”，如何“动”。

医疗科研一齐抓
保持特色搞创新

郭维淮 1960 年开始担任洛阳正骨医院副院长，1971～1991 年担任洛阳正骨医院院长。30 多年间，他始终把发展平乐正骨医术、使河南省洛阳正骨医院和正骨研究所的技术水平居国内外领先地位作为自己的首要任务。

他说，要使平乐正骨医术进一步发展，必须依靠科技进步，不断提高医疗质量和学术水平。要防止和克服门户之见，虚心学习国内外的先进经验和技术，取长补短，才能不断发展和提高平乐正骨医术。他提出了依靠科技进步创新洛阳正骨的“三个坚持”原则。

第一，坚持应用现代科学方法开展临床

研究

在临床研究方面，从临床需要出发，带着临床上存在的疑难问题，从中医学宝库中，从祖传的平乐正骨方法中找启示，应用现代科学方法去探索、研究、提高，创造出新的方法并回到临床上去检验，去解决疑难问题。

手法复位夹板固定是平乐正骨医术的重要组成部分，是一个重要的研究内容。郭维淮带领科技人员应用解剖学、放射学、生物力学等现代科学方法，认真研究了“拔伸牵引、推挤提按、折顶对位、嵌入缓解、回旋拨搓、摇摆推顶、倒形逆行、旋撬复位”等复位手法的原理及其在各种骨折脱位整复中的具体应用。在平乐郭氏正骨竹篾固定的基础上，紧密结合临床实践研制出了适合各肢体部位的小夹板及其他外固定器具，解决了临床上的一系列问题，大大提高了临床疗效。

踝关节是人体重要的负重关节，不稳定型

双踝、三踝骨折，如果复位不好，极易发生创伤性关节炎而影响生活和劳动。为了从平乐正骨的传统方法中找出路，郭维淮带领科研人员认真研究了平乐正骨的各种手法在踝部骨折中的应用。根据踝部骨折类型、移位机理，总结了一套适用于各种类型骨折的复位手法。并研制了一套符合踝关节形状，既可内翻固定又可外翻固定的超踝夹板，临床应用效果良好，可使复位良好率和固定优良率分别达到 77％和 90％。随访结果，功能良好率达 95％，大大降低了创伤性关节炎的发生率。此方法于 1985 年获卫生部乙级科技成果奖。

胫骨平台骨折是比较难治的一种关节内骨折。由于膝关节强度内翻或外翻扭伤造成胫骨内髁或外髁劈裂下移或塌陷，仅用手法很难使其复位，即使复位，也没有很好的办法固定。为解决这个问题，郭维淮组织医院医务人员，根据中医手法和生物力学原理，设计出专门治疗胫骨平台骨折的专用器械——钩拉复位固定器。这种器械可以用钩拉胫骨平台下移的骨折块，并配合平乐郭氏挤压手法加压固定分离移位的胫骨内外髁。这种加压固定装置是经皮进针加压固定的，既适用于闭合复位，也适用于切开复位固定，圆满地解决了胫骨平台骨折的复位固定问题。经专家鉴定，应用该器械治疗胫骨平台骨折，可使骨折复位优良率达93.33％，功能恢复优良率达93.75％。这项成果获1989年国家中医药管理局乙级科技成果奖。

第二，坚持临床研究与实验研究相结合

平乐郭氏正骨祖传药物平乐内服接骨丹、筋骨痛消丸、展筋丹、活血接骨止痛膏等，临床效果非常好。但郭维淮认为，要使传统中药让更多的人信服，单靠临床观察还不够，必须通过实验研究，用现代科学方法来证明。为此，在20世纪60年代，郭维淮就在正骨研究所内建立了生化、生理、病理、生物力学等 8 个基础实验研究室、24 个临床研究室，配备有高效液相色谱仪、荧光分光光度仪、紫外分光光度计、薄层扫描仪等先进的科研设备和一批高中级科研人员。

郭维淮带领科研人员对祖传药物按照国家新药标准进行深入研究（实验室采用热板法、醋酸扭体法等引起的疼痛反应和耳肿胀、蛋清性足跖肿胀、毛细血管通透性等抗炎实验），结果证明，平乐内服接骨丹有加速骨折愈合的作用。这项研究于 1986 年获国家中医管理局乙级科技成果奖。他还证明，筋骨痛消丸、展筋酊（将展筋丹制成酊剂）及活血接骨止痛膏等均有明显的抗炎镇痛作用；内服筋骨痛消丸，外用展筋酊与活血接骨止痛膏，治疗骨质增生引起的疼痛和急慢性软组织损伤效果良好。

郭维淮在为病人治疗的过程中，看到很多关节内骨折造成关节软骨损坏的病人因治疗不当，极易使病人落下创伤性关节炎及关节疼痛、活动不灵的后遗症，影响病人的工作和生活。关节软骨属透明软骨，损伤后很难修复。有些病人服用中药后没有出现后遗症或出现轻微的后遗症，而没有服用中药的病人多出现了后遗症。如何解开这个谜，郭维淮认为，只有用实验研究的方法才能证明中药不但对治疗关节内骨折有良好的效果，而且对于软骨的生长也有促进作用。郭维淮带领临床及科技人员经过多次的试验，采用试管内鸡胚股骨培养的方法，研究了补肾中药对离体鸡胚股骨有无直接作用。实验结果表明，补肾中药淫羊藿、骨碎补、黄芪等都能明显促进试管内鸡胚股骨的生长和糖胺多糖的合成，证明补肾中药对软骨的生长有直接促进作用。这项研究于 1984 年获卫生部乙级科技成果奖。

第三，坚持中西医结合发展平乐郭氏正骨

不断创新发展平乐正骨是郭维淮的终生追

求。他说：疗效是目的，只要能为病人解除病痛，就应该抛弃门户之见。中医要想发展，在传承中医优秀成果的同时，不能排斥西医疗法，更不能排斥现代科学技术的应用。早在1965年、1966年，他和母亲高云峰就分别在《健康报》和《骨科附刊》上发表了“取西医之长，补中医之短”的文章。郭维淮在坚持中医办院方向，突出平乐正骨特色的同时，坚持走中西医结合的道路，积极支持医务工作者为解决骨伤疑难疾病而学习西医先进技术，并开展了显微外科、骨病矫形等方面的研究工作。

20世纪80年代之前，很多病人由于严重外伤造成骨骼、皮肤、软组织严重损伤，西医多采用手术接骨、植骨，待骨头长好，再进行二次或三次手术移植肌肉、移植皮肤。由于需要长期治疗、多次手术，不但易感染，效果不好，患者痛苦大，而且费用高，甚至还有不少病人最后不得不面对截肢的命运。每每看到这些，作为一名医生，责任感和使命感都促使郭维淮要啃啃对西医来说都是硬骨头的皮瓣移植技术。通过对小腿解剖的深入研究和反复实践，他终于找到了治疗骨严重缺损、假关节等疾病的好方法，即小腿外侧肌间隙血管皮瓣——腓骨（腓骨皮瓣）移植和带血管胫骨皮瓣移植。

1981 年，郭维淮的皮瓣移植技术论文发表后，在当时的中国显微外科界引起了很大的反响。这种皮瓣由于其血管粗大、血管蒂长、皮瓣血供丰富等优点，迅速为国内专家学者所接受，并广泛应用于临床。1982 年，在小腿内侧皮瓣解剖研究及临床应用的基础上，郭维淮又设计了以胫后动静脉为血管蒂的胫骨皮瓣，在临床上取得成功。1984 年，他又利用带血管蒂的小腿内侧皮瓣顺利进行逆行转位修复同侧膝部及足部缺损，拓宽了该皮瓣的使用范围，《中华外科杂志》对此做了报道。

皮瓣技术属于西医范畴，而洛阳正骨医院

属中医医院，加之当时医院地处洛阳郊区的白马寺镇，医疗条件差，设备简陋，国内很多专家，特别是西医专家对在这样的环境中能取得这样的成果感到不可思议和难以理解，称洛阳正骨的皮瓣技术是“鸡窝里飞出的金凤凰”。而更多的专家对洛阳正骨这种创新精神表达了由衷的敬佩和赞叹。

2003年5月，参加“中南六省医院管理学会年会”的湖南、福建、湖北、广东、广西、河南等省的卫生厅厅长，利用会议间隙到洛阳正骨医院参观考察，听取了该院对“皮瓣移植技术”的汇报。并亲眼看到，一位陕西患者因车祸造成右小腿中段骨折，并发生感染而引起骨髓炎，导致骨头8cm缺损并伴有15cm的皮肤缺损。患者一年多来跑了国内很多医院，却久治不愈，面临被截肢的危险。后经人介绍，抱着试试看的心态来到洛阳正骨医院。医院采用洛阳皮瓣-带血管胫骨皮瓣移植术，配合洛阳正骨传统中药内外兼治，仅两个多月，病人就能扶拐下地行走。听着大夫的介绍，看到病人感激的表情，在场的厅长们齐声赞叹：洛阳皮瓣真神奇！

小腿内侧肌间隙血管皮瓣技术于1981年获河南省科技成果三等奖，1982年获河南省医药卫生科技成果二等奖；小腿内侧肌间隙血管皮瓣—腓骨（腓骨皮瓣）移植技术于1983年获卫生部二级成果奖；带血管胫骨皮瓣移植术于1985年获河南省医药卫生科技成果奖；小腿内侧逆行岛状皮瓣（胫后动脉逆行岛状皮瓣）的临床应用于1986年获河南省医药卫生科技成果奖；洛阳皮瓣、骨皮瓣技术的临床应用研究于2008年获中国中西医结合学会科学技术一等奖。以上技术，均为国内首创，国内外骨伤科界为了便于记忆和推广这些技术，将以上一系列科研成果统称为“洛阳皮瓣”。

通过发展平乐正骨学术，河南省洛阳正骨

医院医疗水平和质量不断提高，郭维淮更加深切地体会到，坚持“继承而不泥古，发展而不离宗”，依靠科技进步是发展中医骨伤科的必由之路。

1978～2008年底，洛阳正骨医院共获得厅、局级以上科研成果奖147项，其中国家级一项，省部级31项，厅局级115项。不少项目居国内外领先水平。

郭维淮深知，学术只有在广泛的交流中才能不断发展。为了更好地普及推广和发展平乐郭氏正骨术，在办学办班的同时，还注意著书育人，继编写本科班教材《正骨学讲义》之后，又于1974年编写了约10万字的《简明正骨》。1988年，为适应全国高等中医院校相继开办骨伤专业的需要，先后编写了《中医骨伤科学》、《中医骨伤科学·诊断学》；1989年主编了全国高等中医院校骨伤专业系列教材；1995年又主编了《平乐正骨》，该书约200万字、500幅插图，系统地总结了200多年来平乐郭氏正骨的发展历程和近年来的重要学术成就，在学术界引起较大反响，对弘扬洛阳平乐郭氏正骨，推动中医骨伤科学术的发展发挥了重要作用。该书2000年获得河南省科技进步一等奖，2008年由人民卫生出版社再次出版发行。

为了加强学术交流，传播平乐郭氏正骨，由郭维淮创办并担任主编的国家级学术刊物——《中医正骨》杂志，自1989年创刊以来，已连续出版21卷168期。此外，每2～3年，郭维淮还主持召开一次平乐正骨学术研讨会，至今已召开十二届，为广大骨伤科同道交流经验、切磋技术、传递信息，提供了平台。1994年10月，国家中医药管理局主持、河南省洛阳正骨医院承办，成功召开了“洛阳中医骨伤国际培训暨学术研讨会”。此次会议在国内外产生了深远影响，对促进中医骨伤科学术国际交流作出了努力，为平乐郭氏正骨走向世界迈出了可喜的一步。如今洛阳正骨医院已和国内 30 多个医、教、研单位建立了学术联系，和 10 多个国家的同行定期开展学术交流，多次派医生出国参加医疗队工作，他们以精湛的技术为异国人民医治骨伤，使“洛阳正骨”名扬海外。

在郭维淮担任洛阳正骨医院院长期间，医院被卫生部确定为全国骨伤科医师培训基地。先后荣获洛阳市“文明单位”、“优质服务先进集体”，河南省卫生系统“先进单位”、“文明中医院”，以及“全国卫生系统先进集体”等荣誉称号。

淡泊名利严律己 全心全意为病人

郭氏正骨历代传人的高超医术和行善助人的高尚品格，在郭维淮的心中打上深深的烙印，白求恩精神在他心中产生了深刻影响。在几十年的工作中，郭维淮形成了自己的职业信念：救死扶伤，全心全意为人民服务，用自己的精湛技艺和辛勤劳动解除患者的疾苦，挽救病人的生命。

郭维淮牢记祖训，施诊不问贫富，不管是领导干部，还是一般百姓，不管是生人还是熟人，从不厚此薄彼，一样认真细致地对待。1991 年退居二线后，他不顾年事已高、身患帕金森病，仍坚持每周周二、周四出门诊。每当他坐诊时，全国各地慕名找他看病的人很多，在诊室外排起长队，常常下班铃响了，病人还没看完。望着病人那渴盼的目光、痛苦的面容，他总是毫不犹豫地放弃下班的念头，全身心地投入到诊病当中。日复一日，年复一年，下班不能按时回家已经习以为常了。

郭维淮把繁重的工作和为病人解除病痛当作是生活中最大的乐趣。他常说："既然选择了医生这个职业，就应该多一点奉献精神。白求恩作为一个外国人，能够不远万里来到中国条件艰苦的抗日前线，忘我地工作，最后以身殉职，我为自己的国家，为人民辛苦一点、加一点班又有什么不应该呢？"

郭维淮医德高尚。他常说，医生是个崇高的职业，白衣天使的称号是不应该被金钱玷污的。一个人或几个人不能够改变社会风气，但我们的行动能通过病人辐射到社会的各行各业。多年来，他给自己立下了一条规矩：送礼不要，请吃不到，不但自己不收，也不准家人收。这些年来，国内外许多学术团体、专家、学者来院参观学习，每次赠送给他的礼物，他总是如数上交医院；病人出于感激之情，主动送的东西，他都一一婉言谢绝。

一位外省来的腰痛病人，在当地多家医院诊疗，医生让他进行手术治疗。病人不想做手术，慕名来找郭维淮。郭维淮根据病人的病情辨证施治，经过一段时间治疗，病人终于痊愈。在病人准备回家时，家属拿了一个红包给郭维淮，被他婉言拒绝了。

但下班时，病人家属在医院大门口等他，非要到他家坐坐。郭维淮说："不必了，解除病人的痛苦是医生的职责，为你治病是我应该做的。现在我若收你的钱，我的心是会不安的。"经过再三劝说，病人家属才同意收回红包，并感动地流着泪说："有人说不给大夫送礼，就不给好好看病。可我是看好病才给您送礼，您还不收，看来还是好大夫多啊!”人们搜寻记忆，在郭维淮长达60多年的行医生涯中，没有他收受礼品的事例，而常常看到的则是他为经济拮据的患者接济钱物，常常看到的是他送交医院的一件件礼品。

郭维淮常说：正骨、正人，先得正己。他退休后，北京、新疆、海南、珠海和省内30多个单位和个人纷纷高薪聘请他外出行医。有的说，不要你去看病，只要挂你的名，每月就给你高额报酬。有的说，你现在没有行政职务了，没职没权，只要来我们这里坐诊，每月给你几万元没问题。对这些，郭维淮都一一谢绝。

他说：虽然我不是院长、所长了，但我是名誉院长、名誉所长，是平乐正骨第六代传人，更是一名共产党员。因此，更应该为全院同志，特别是青年人做好表率。有人背后说他“真憨”，但他说：“我甘愿当这个憨子。”

郭维淮不仅严于律己，还常告诫家人“为

人民服务也要‘无菌操作’”。他老伴和四个女儿、一个女婿都是医生，多数是副主任医师以上职称的专家，找他们看病的人也很多。郭维淮常对他们说：“一个医生没有高尚的医德，技术再高，也不能很好地为病人治病，病人也不会信任你。”他还对家人约法三章：对待生人、熟人、领导和群众一个样，要热情接待，看病细心；不准接受礼品；不准院外行医捞好处。郭维淮长期担任医院行政领导职务，并且在很多社会团体中都有头衔，是国务院政府特殊津贴的享受者，人们都把他当成领导和著名专家看待，在生活、工作各方面都想给予照顾。可他认为：“我首先是共产党员，然后才是专家和领导干部，不能以专家和领导干部的身份搞特殊，而忘记自己是一个共产党员。”他要求自己不能搞特殊，要时时处处起模范带头作用。

2007 年，郭维淮因身体原因，不能继续坐诊了。每当上级领导、医院领导、医院职工去看他，谈到医院发展及为病人治病的事时，他都会聚精会神，显得很精神。大家都知道：郭老是把整个心劲儿都交给了患者，献给了医院！

凡见过郭维淮的人，都会发现他的双手又嫩又红又肿，像烧伤烫伤，另外还有很多出血点和赘物。这是郭维淮为提高疗效，使患者免受开刀之痛，同时又为患者减轻经济负担，常常在 X 光机透视下，徒手为骨折病人手法整复，有时一开机器就是好长时间，由于长期受 X 线照射，双手被 X 线严重烧伤。X 线烧伤不能恢复，甚至还会发生癌变，危及生命。但郭维淮常说："治病就像攻城堡一样，病人来了，就顾不上自己的身体和手了。"

一位诗人来采访郭维淮，当了解到郭维淮这双手的故事后，非常感动，饱含深情地创作了诗歌《这双手》，真切地概括了郭维淮的辉煌一生和高尚品质。诗歌写道：

这是一双老人的手。这双手，筋强骨健，宽大神奇。60多年来，不知道有多少骨伤患者，经过这双手的诊治，重新获得健康。这是一双无私的手。这双手，宽厚仁爱，兼济众生。60多年来，上自国家主席，下至黎民百姓，他都关爱，他都奉献。这是一双高尚的手。这双手，打破成规，爱洒人间。60多年来，这双手带过数百名骨科名医，把济世医人的理想播撒全国。这是一双智慧的手。这双手，精研医术，耕耘不辍。60多年来，在这双手下，结出过国家最高级别的医学硕果。这是一双开拓的手。这双手，永不疲倦，永不停息。60多年来，在这双手的努力下，他把家庭事业变成了民族的医疗事业。这是一双延续了家庭200多年光荣与梦想的手，这是一双创造过众多医疗神话的手，这是一双感动过无数苍生的手，这是一双令人肃然起敬、叫人高山仰止、让人高歌赞叹的手！这双手，是一个医疗宝库，这双手，是一部精神词典。这双手，见证过历史、见证过跋涉、见证过辉煌、见证过攀登。这双手，岂不是他对技术精益求精最好的见证吗？

学以致用擅读书
修身养性勤练功

郭维淮，中等身材，朴实温和，敏于行而讷于言。他一生最大的嗜好就是读书。他不吸烟，不喝酒，也不喜欢热闹，把闲暇时间都用在读书上了。在读书方面，他有自己独特的见解。他说，中医成才离不开承接前人经验，读书学习就是承接前人经验最主要的方式。但中医古籍万卷，良莠不齐，若不加选择地去读，既浪费时间又收获不大，因此学习中医，要首先学会选书，要选择好书去读。

郭维淮认为，选书首先要立足于临床，学以致用。他说，中医是一门根植于临床的实用性科学，因此，选择书籍好坏的原则就是看它是否立足于临床，能否学以致用。诸如《伤寒论》、《金匮要略》，被中医界称为辨证论治之纲要与鼻祖；《温病条辨》发展伤寒论，补六经辨证之不足；《医宗金鉴》介绍病种门类比较齐全，理论比较完备、公允，是古代皇家医学之教科书；《外台秘要》、《正体类要》、《千金要方》、《千金翼方》、《脉经》、《难经》之类，其最可贵之处就在于理论紧密联系临床、学能致用，因而是最值得推崇的精品典籍。

其次，要以经典为基，容纳百家，兼收现代。中医古籍众多，学术又有各家之说，如何认识、处理彼此不同的学术关系，郭维淮认为，要把中医的各种学说统一到经典理论上来，即首先要以经典为立说之本，为理论之纲，再把后世的各家之说，作为经典理论的延伸、补充和发展，加以沟通、融会，这样才能既保证学术根基正宗稳固，又有利于学术体系的丰富与发展。学习中医，要先熟读经典如《内经》、

《伤寒论》、《金匮要略》、《温病条辨》；再泛读诸家之说，如《杂病源流犀烛》、《类证治裁》、《医经溯洄集》、《外台秘要》、《正体类要》、《千金要方》、《千金翼方》、《脉经》、《难经》、《临证指南医案》、《血证论》、《医林改错》等。同时，不忘汲取现代科学知识，如《临床骨科学》、《实用骨科学》等。

再次，要专于医术，博于文道。郭维淮认为，中医是基于中国传统文化思想的医学，学习中医，要先有传统文化的基础，要广泛涉猎人文、地理、社会学等有关方面的知识。如四大名著、《古文观止》、《孙子兵法》，近代的鲁迅、巴金、老舍、郭沫若等的作品，这些方面的知识多了，能潜移默化地起到积累文化阅历、丰富传统意识、启迪辩证思维等作用。

关于如何读书，郭维淮也有自己独特的看法。他认为，首先要边干边学，相互印证，学以致用，不断提高。要真正做到理论与实践紧密结合，就必须学时想到用，用时回顾学。在临床上遇到问题，及时求教于书本，求教于同事。古人学医讲究半天临证半天读书，交互循环。这种边学边干、边干边学的方式，正是传统师承的优势所在，也是目前院校教育极为欠缺的方面。

郭维淮常说，“经典不厌百回读”，“好书终需数度研”。在每次研读经典之后，要用以指导临床，在临床实践中加以印证，发现新问题，再“回”到温习理论，这样的“回读”过程，才能达到常读常新、不断提高的效果。

其次是学学写写，整理提高，旁征博引，去伪存真。郭维淮认为，阅读是学习，写作也是一种学习。要及时将读书的所感所想，通过写批语、摘札记、做文章等方式写出来，时常揣摸，能够更准确、更完整、更深刻地理解所学的知识，并且能够发现和思考更深层的学术问题，使读书效果由学习向整理提高、由传承向创新发展。郭维淮常对年轻人说："对一个病，要开得出处方，说得清病因，写得出医理才行。"

由于郭维淮忙于医院管理、临床研究和学术交流，没有更多的时间锻炼身体。但他重视身体锻炼，他一直说，身体是事业和生活的基石，没有健康的身体，就不会有出色的工作和完美的生活。郭维淮喜欢安静，平时除了注意生活规律、具有良好的心态和合理的膳食外，还根据自己的身体状况，形成了一套适合自己的运动方法，并坚持锻炼。

第一，室内漫步：每天早上6点起床，洗漱完毕，在室内漫步，促进全身血液循环，增强新陈代谢，达到坚筋益骨之效，使卧床一夜处于休整状态的机体顿时活跃起来，焕发出生机和活力，并为当天的工作做好精神上的准备。

第二，做深呼吸运动：即深吸气时挺胸拍胸，呼气时弯腰捶背，这样的一吸一呼扩大了肺活量，使肺泡充分扩张，不留或少留余角，达到气体充分交换，从而增强心肺功能，提高血液中的含氧量，同时对心脏具有按摩作用，并伴随着胸外的拍击与震动，亦对改善与增强冠状动脉供血有益。

第三，提肩缩颈：自然站立，双目平视，双脚略分开，与肩平行，双手自然下垂，双肩慢慢提起，颈部尽量往下缩，停留片刻后，双肩慢慢轻松地放下，头颈自然伸出，还原自然。然后再将双肩用力往下沉，头颈部向上拔伸，停留片刻后，双肩放松，并自然呼气。在缩伸颈的同时要慢慢吸气，停留时要憋气，松肩时要尽量使肩、颈部放松。回到自然式后，再反复做 4 次。这可以有效预防颈椎病。

第四，挺腰扩胸：这样既加强了背部的肌力，同时也扩展了胸廓，有利于舒展胸腔脏器，亦可避免驼背的发生，保持躯体健美的姿态。

第五，旋腰转背：取站立姿势，两手上举

至头两侧与肩同宽，拇指尖与眉同高，手心相对。吸气时上身由左向右扭转，头也随之转动；呼气时，上身由右向左扭转，一呼一吸为1次，连续做30次。这对预防腰肌劳损有一定的益处。

第六，两侧肢体交替前伸：像正步走一样，既能锻炼四肢伸肌功能，又能使上下肢的活动更加协调，且有益于身体的平衡与稳健。同时在主动用力抬腿时加强了髋腰肌的活动，可以改善盆腔中的血液循环。

第七，慢步左右扭动：以舒展与放松全身肌肉，达到刚柔并举、有张有弛的功效。

第八，双膝锻炼法：常言说，“人老先从腿上老”，下肢素有人体的“第二心脏”之称，由于双下肢的血流量占全身之半，多进行下肢活动，发挥其“肌泵”的作用，可促进全身血液循环。郭维淮常进行双膝系列锻炼法：（一）钩脚抬腿。坐高凳或床沿，单腿先钩脚绷紧腿，用力上抬，在空中停留 6 秒，再慢慢还原，反复做 5～6 次，双腿交替进行。（二）抓提膝盖。坐高凳或床沿，放松双下肢，用手抓住膝盖骨向上提。（三）按摩下肢。双手从小腿中段左右两侧按摩肌肉至大腿中段。（四）叩击下肢。双手握空拳，从小腿中段左右两侧轻叩至大腿中段，至膝部时稍增加叩击力度和次数。双膝锻炼法利于锻炼下肢肌肉，促进下肢及膝部血液循环，能很好地预防退行性膝关节炎。

郭维淮说，锻炼身体要遵循适度原则，既勿太过，又勿不及，贵在坚持，才能达到维护健康、延年益寿、提高自身免疫力和生活质量的目的。

赫赫业绩留青史
洛阳四绝有其一

打开岁月的抽屉，郭维淮拥有一串串闪闪发光的荣誉。

1956 年被评为全国先进工作者，出席全国先进工作者代表会议；1959 年被评为全国劳动模范，出席全国劳动模范群英会；是全国第五、六届人大代表，河南省第七届人大代表。

1991 年被国务院授予“国家有突出贡献专家”荣誉称号，被河南省科委授予“优秀院所负责人”和“优秀科研工作者”称号。

1993 年被河南省委、省政府命名为省管优秀专家。

1995 年荣获人事部、卫生部、国家中医药管理局颁发的全国卫生系统最高荣誉——“白求恩奖章”，是全国中医界获此殊荣的第一人。

1996 年，河南省委宣传部、省文联联合拍摄了上下两集电视剧《郭维淮大夫》，分别在中央电视台、河南电视台、洛阳电视台播放。

2005 年被聘为世界中医药学会联合会骨伤科专业委员会首席顾问；同年 9 月，中华中医药学会主办郭维淮行医 60 周年庆典大会，并授予郭维淮“国医楷模”荣誉称号。

2006 年 12 月被中华中医药学会授予“首届中医药传承特别贡献奖”。

2007 年 6 月 5 日，被国务院批准为第一批国家级非物质文化遗产传统医药类中医正骨疗法项目代表性传承人。

2009 年 5 月，反映洛阳正骨传奇历史的 36 集电视连续剧《大国医》在中央电视台隆重播出。《大国医》以郭维淮的父母郭灿若、高云峰为原型，演绎了一代名医的传奇故事。

展开人生的历程，郭维淮为人民服务的心烛高照，不悔青丝变白发，总喜后人胜前人，一步一个脚印地为祖国的医疗卫生事业付出了他的一切。正像电视剧《郭维淮大夫》主题歌唱的那样：

气虚养不住血，没血养不住筋；没筋撑不住骨，没骨立不住身；立身先正骨，正骨先正心；心正医德正，无私为人民。平乐正骨传天下，大医精诚是精品。这就是郭维淮，咱身边的白求恩。

作为中医大家，郭维淮的思想与智慧凝结成了一种看不见的精神，无言地感召着他为之奋斗了一生的骨伤医疗平台——河南省洛阳正骨医院；无言地感召着景仰他的无数同行和患者。洛阳正骨医院在他的领导和精神激励下，如今已是全国中医骨伤医疗中心，三级甲等中医骨伤科医院，全国中医骨伤科医师培训基地，全国重点中医专科（专病）建设单位，国家博士后科研工作站，国家药品临床研究基地。平乐郭氏正骨法（洛阳正骨）入选河南省首批非物质文化遗产和第一批国家级非物质文化遗产名录。洛阳正骨连同世界自然与文化遗产龙门石窟、名扬天下的洛阳牡丹、风味独特的洛阳水席并称为“洛阳四绝”，成为中医学领域中光彩夺目的正骨奇葩！

（撰稿人　白　颖　赵红霞）

《中华中医昆仑》丛书150位医家名录

（按生年排序）

张锡纯	丁甘仁	萧龙友	王朴诚	恽铁樵
曹炳章	冉雪峰	谢　观	施今墨	汪逢春
孔伯华	黄竹斋	吴佩衡	蒲辅周	陈邦贤
李翰卿	李斯炽	姚国美	陆渊雷	张泽生
时逸人	张梦侬	叶橘泉	王聘贤	陈慎吾
邹云翔	赵炳南	承淡安	余无言	刘惠民
岳美中	沈仲圭	秦伯未	赵锡武	韦文贵
程门雪	黄文东	赵心波	董廷瑶	吴考槃
章次公	石筱山	陆南山	张赞臣	李聪甫
刘绍武	陈存仁	朱仁康	陆瘦燕	姜春华
韩百灵	高仲山	李克绍	王鹏飞	刘春圃
金寿山	哈荔田	何世英	周凤梧	干祖望
关幼波	王为兰	任应秋	罗元恺	祝谌予
杨医亚	郭士魁	何时希	耿鉴庭	俞慎初

裘沛然	顾伯华	江育仁	邓铁涛	门纯德
刘渡舟	尚天裕	朱良春	李玉奇	程士德
尚志钧	赵绍琴	董建华	米伯让	李辅仁
张珍玉	班秀文	颜正华	于己百	颜德馨
路志正	方药中	王乐匋	黄星垣	谢海洲
余桂清	何　任	王子瑜	程莘农	陈彤云
焦树德	张作舟	张　琪	李寿山	张镜人
王绵之	方和谦	印会河	王玉川	蔡小荪
李振华	马继兴	王嘉麟	宋祚民	刘弼臣
王雪苔	刘志明	吴咸中	李今庸	任继学
裴学义	王宝恩	周霭祥	贺普仁	唐由之
赵冠英	许润三	金世元	陆广莘	刘柏龄
徐景藩	吉良晨	吴定寰	沈自尹	王孝涛
张灿玾	周仲瑛	强巴赤列	张代钊	李经纬
郭维淮	柴松岩	苏荣扎布	陈可冀	李济仁
夏桂成	郭子光	巴黑·玉素甫	张学文	陈介甫